Les petits Foot Maniacs

Les Petits Foot Maniacs

UNE PLACE POUR LA FINALE !

Texte
Christophe Cazenove

Dessins
Olivier Saive

Couleurs
David Lunven

BAMBOO
Jeunesse

Quelques joueurs des

Jean-Pierre

Gencive

Capuche

U13 du FC Palajoy

Émilie

Péchon

Biscotte

© 2021 BAMBOO ÉDITION
pour la présente édition
290 route des Allogneraies
71850 CHARNAY-lès-MÂCON
Site Web : www.bamboo.fr
E-mail : bamboo@bamboo.fr

1

Une belle collection

— Il est classe, le ballon officiel de l'Euro, pas vrai ?

Capuche a cette capacité de s'émerveiller d'un petit rien que Jean-Pierre a toujours trouvé agaçante.

Il a pourtant raison, le ballon officiel de l'Euro à venir est particulièrement beau.

Ceux dans lesquels ils ont l'habitude de taper, lui, son copain Capuche et leurs équipiers du FC Palajoy, ont cessé d'être ronds depuis très longtemps. Il faut les regonfler toutes les deux heures et ils explosent si on shoote trop fort dedans. Il n'y a que pour les matchs qu'ils ont le droit d'avoir un ballon digne de ce nom, mais loin d'être aussi classe que celui que Jean-Pierre porte à bout de bras.

Ils traversent la grande avenue, s'éloignant encore plus du centre commercial où Jean-Pierre a tenté sa chance au tirage au sort du « Grand concours ».

— T'as pas l'air super content…

— C'est parce que j'espérais gagner le premier prix ! C'est le quatorzième concours auquel je participe pour gagner une place pour la finale de l'Euro au Stade de France à Paris… Le quatorzième ! répète-t-il, avec une pointe de désespoir dans la voix.

— Oui, mais tu as toujours gagné quelque chose ! réplique Capuche.

— Tu parles ! À chaque fois, je suis reparti avec le deuxième prix, un ballon officiel !

Celui-ci, c'est mon quatorzième ! Je commence à en avoir assez des ballons officiels !

— Tu as de quoi monter une équipe rien qu'avec des ballons, et tu aurais même les remplaçants ! se marre Capuche, alors qu'ils arrivent au « point de corner ».

Le « point de corner », c'est le nom qu'ils ont donné à la boulangerie devant laquelle ils se séparent pour rentrer chacun chez eux. Capuche, tout en continuant à se bidonner, adresse un salut de la main à Jean-Pierre qui part de son côté, faisant rebondir son ballon par terre.

Jean-Pierre a de quoi être découragé. Il a tout tenté pour gagner cette place à la finale de l'Euro. Il a compté des céréales au miel pour un concours organisé par une radio. Il a écrit et dessiné une page entière de bande dessinée pour celui organisé par un journal. Il a même envoyé des photos de lui dans sa plus belle tenue de goal pour participer à cet autre concours sur Internet, et à chaque fois le premier prix lui est passé sous le nez.

Pour une fois que l'Euro se déroule en France – la précédente, c'était en 1984 et Jean-Pierre était loin d'être né –, il aimerait plus que tout voir les meilleurs joueurs européens s'affronter sous ses yeux.

Au début, il pensait que son père achèterait des places. Après tout, en tant que président du club du FC Palajoy, Marcel Dubut peut bénéficier de facilités pour avoir des places. Mais il n'a pas réussi, ou peut-être n'a-t-il pas essayé. Connaissant son père, Jean-Pierre est persuadé qu'il s'y est pris trop tard, comme à chaque fois qu'il entreprend quelque chose. La seule chose pour laquelle M. Dubut est efficace, c'est les téléviseurs. Il en rachète un plus beau, plus grand et plus plat à chaque grand événement lié au football : Coupe du monde, championnat d'Europe ou Jeux olympiques.

Ainsi, chaque pièce de la maison possède désormais son propre écran, chacun programmé pour se connecter sur une chaîne de foot à la mise en marche. Puisqu'il n'ira pas à Paris, Jean-Pierre sait qu'il aura l'embarras du choix pour regarder la finale de l'Euro.

Capuche a vu juste, il n'a aucune raison de se plaindre !

2

La dernière chance ?

La chambre de Jean-Pierre est un peu plus grande que celle de son grand frère Michel, mais elle est tellement remplie que cela ne se remarque pas. Des piles de vieux magazines consacrés à l'âge d'or du foot français côtoient des entassements de maillots récupérés lors des différentes rencontres qui ont eu lieu au FC Palajoy. Encyclopédies, dictionnaires, chaussures de sport, fanions de taille plus ou moins grande, sa chambre ressemble plus à un musée qu'à autre chose. Chaque mur, chaque étagère est si chargé que Jean-Pierre ne sait même pas où il pourrait bien ranger le ballon gagné aujourd'hui. Les quatorze précédents garnissent entièrement sa penderie.

Trois petits coups frappés à sa porte le surprennent.

— Salut JP ! lance joyeusement Émilie en poussant la porte.

— Je ne t'ai pas entendue sonner, dit en rougissant Jean-Pierre, peu habitué à recevoir du monde dans sa chambre, et encore moins sa copine Émilie.

— C'est ton père qui m'a laissé entrer, explique-t-elle. Il est parti pour le club.

Avec Capuche et Jean-Pierre, Émilie fait partie de l'équipe des U13 du FC Palajoy. Son poste actuel est avant-centre, mais depuis son entorse il y a deux mois, elle a dû raccrocher les crampons pour la saison.

— D'ailleurs, il m'a demandé si tu allais au club, toi aussi !

— Bof, soupire Jean-Pierre. Il n'y a pas d'entraînement aujourd'hui ! En plus, j'aimerais avancer dans ma partie de jeu vidéo, j'ai déjà amené le Palajoy en huitième de finale. Pour le prochain match j'affronte les Japonais du Kyoto Sanga Football Club !

— Mais… tu n'es pas au courant pour le concours ? s'étonne Émilie. La mairie de

Palajoy organise un méga événement afin de gagner une place pour…

— … assister à la finale de l'Euro au Stade de France, je sais ! l'interrompt Jean-Pierre.

Son père lui en parle depuis le jour où monsieur le maire a obtenu l'autorisation de la fédération d'organiser ce concours. Tous les matins au petit déjeuner et tous les soirs au souper, il rappelle à son fils de ne surtout pas oublier d'aller s'inscrire.

Lorsque Jean-Pierre lui a demandé d'arrêter de lui rabâcher quotidiennement la même chose, l'étape des post-it est arrivée.

Dans chaque pièce de la maison, collés sur son tube de dentifrice ou calés au fond de ses chaussures, les mêmes messages écrits au feutre fluo : « Pense à t'inscrire. »

— C'est géant que ça se passe dans notre ville ! poursuit Émilie. C'est réservé aux licenciés de foot du club et il n'y a qu'un seul jour pour s'inscrire : aujourd'hui !

Avant de continuer, elle jette un œil sur le désordre tout autour.

— Je pourrais m'asseoir, JP ? Si je reste debout trop longtemps, mon entorse me fait mal.

En deux mouvements rapides, JP débarrasse une pile de BD et propose à son amie d'y prendre place.

— Donc, il y a deux épreuves qui auront lieu à la fin de la semaine, poursuit Émilie en massant longuement sa cheville encore un peu enflée. La première est orale, il faudra répondre à des questions sur l'histoire du football. Et la seconde est une épreuve de jeu où il faudra montrer ses qualités techniques !

Comme Jean-Pierre met du temps à montrer son intérêt, Émilie le rappelle à l'ordre.

— Tu n'as pas envie d'y participer ?

— Si, finit par répondre Jean-Pierre… mais je n'ai aucune chance. Il y a des tas de Palajoyiens qui ont leur carte au club et presque tous jouent mieux que moi. Toi, notamment ! Du coup, c'est perdu d'avance !

— Pas forcément, rétorque avec un sourire celle qui attendait cette remarque. Cinq seulement parmi tous les inscrits seront tirés au sort pour participer aux épreuves ! Si tu fais partie des cinq, tu auras toutes tes chances de gagner le billet

pour aller voir la finale ! Et si ça peut te rassurer je ne participerai pas. Avec mon entorse, ça ne sert à rien que je m'inscrive…

Jean-Pierre n'a pas l'air convaincu.

— Cerise sur le gâteau, reprend Émilie, je serai ton coach ! Là, tu n'as plus aucun prétexte pour refuser !

— Je veux d'abord savoir ce qui est prévu pour le deuxième prix ! lâche Jean-Pierre.

Si c'est pour gagner un quinzième ballon officiel, autant dire qu'il ne veut même pas entendre parler de ce concours !

3

Toute la ville est là !

— Vous saviez qu'il y avait autant de monde intéressé par le football à Palajoy ? demande Capuche, étonné, à ses amis Jean-Pierre et Émilie.

Tous trois se trouvent au beau milieu d'une file d'attente titanesque qui serpente presque depuis le « point de corner » jusqu'au club du FC Palajoy.

— J'ignorais surtout qu'autant de gens avaient leur carte du club ! renchérit Émilie.

La file paraît d'autant plus grande que le bâtiment du club est tout petit. Malgré les travaux récents effectués à l'initiative de Marcel Dubut, le Palajoy reste un club mineur, autant par sa taille que par ses résultats sportifs.

— S'il y a autant de gens, c'est aussi parce que c'est super compliqué d'acheter des places pour voir les matchs de l'Euro, explique Jean-Pierre. J'ai vu un reportage

à la télé – celle qui est dans notre salle de bain – où le journaliste expliquait comment ça fonctionne. Si tu veux acheter une place pour tel match, tu es mis sur une liste d'attente, et ensuite on te propose un billet. Mais pas forcément pour le match que tu voulais au départ. Alors imaginez le trafic pour assister à la finale !

— Tiens, mais c'est cet imbécile de Blokeen, là-devant, non ? s'étonne Capuche.

— Ben oui, qu'est-ce qu'il fait là ? Il joue pour l'Olympic d'Alumay-Paléfeu... remarque Émilie, les poings sur les hanches. Je vais aller lui dire que le concours est réservé aux Palajoyiens et qu'il n'a rien à faire ici.

Même en cherchant un mois entier, on ne trouverait personne pour prendre la défense de ce joueur brutal doublé d'un caractère de varan. Et cependant, Jean-Pierre sait pourquoi « cet imbécile de Blokeen » peut faire la queue comme les autres.

— Il a démarré le foot au Palajoy avec moi. On a fait notre première année ensemble et il a changé de club quand ses parents ont déménagé. Il doit avoir conservé sa carte.

— Zut alors, peste Émilie, j'aurais bien aimé lui clouer le bec !

La file avance de quelques mètres et Émilie profite de la présence d'un banc pour soulager son entorse.

— Je vois notre prof de math, hi hi ! s'amuse Jean-Pierre, le pointant du doigt.

— Là-bas il y a aussi le gars du magasin de jouets… juste à côté du charcutier, note Capuche.

— Mouais, et tous les joueurs de l'équipe première du Palajoy. Là c'est déjà moins drôle, note Jean-Pierre. Car s'ils sont tirés au sort, ce sera difficile de les battre aux épreuves.

— Et vous avez vu qu'il y a beaucoup de filles aussi ?

Comme l'a remarqué Émilie, nombre de jeunes filles de leur âge, mais aussi plus âgées, viennent tenter leur chance. Ce qui prouve, s'il en est encore besoin, que le foot est un sport qui rassemble. Mais le personnage le plus étonnant dans toute cette foule sagement alignée attend quelques dizaines de mètres derrière nos amis. Un vieux monsieur, vraiment très vieux, assis sur le rebord d'un muret, patiente, le regard perdu dans le vide.

— Tu crois que c'est pour lui qu'il concourt ou pour ses petits-enfants ? demande Capuche.

— Je ne sais pas, mais des finales de l'Euro, il a déjà eu l'occasion d'en voir des tonnes ! lâche Jean-Pierre, cynique.

— Ouais ! poursuit Capuche. Il pourrait laisser leur chance aux autres !

La longue queue gagne quelques mètres et nos amis passent l'entrée du club. Au fond de la plus grande pièce du bâtiment a été installée une estrade sur laquelle se trouve le bureau des inscriptions. Monsieur le maire est présent, assis juste devant un énorme poster à son effigie. À ses côtés, l'entraîneur de l'équipe première du club s'occupe de noter les noms de chaque participant.

— Ton père tire une drôle de tête, remarque Capuche.

En effet, les sourcils froncés, le front en sueur, les épaules voûtées… la dernière fois que Jean-Pierre a vu son père aussi abattu, c'était lors de la déroute de l'équipe de France au Mondial en Afrique du Sud.

Mais en apercevant son fils cadet, le visage de Marcel Dubut, président du Football Club de Palajoy, s'illumine. Pensant être discret, il lève les bras et les agite dans tous les sens.

Lorsque Jean-Pierre monte sur l'estrade et remplit le formulaire que lui tend l'entraîneur, son père se penche et murmure à son oreille :

— J'avais tellement peur que tu oublies de venir t'inscrire. Je sais que tu as essayé plusieurs fois de gagner, mais cette fois-ci sera la bonne et ton papa sera fier de toi !

Quelque chose laisse penser à Jean-Pierre que cette quinzième tentative sera différente des autres.

4

Les choses sérieuses commencent…

— Tu as été tiré au sort ?

— Oui ! confirme Jean-Pierre. Je l'ai reçu ce matin !!!

« Nous avons le plaisir de vous annoncer que vous faites partie des cinq sélectionnés pour notre concours. Rendez-vous samedi à 9h00 au club pour la première épreuve. » Il connaît ce texto par cœur pour l'avoir lu et relu des dizaines de fois depuis qu'il l'a reçu.

— Qui sont les quatre autres ? demande Émilie en s'asseyant sur la pile de BD. Il est désormais convenu que dans la chambre de Jean-Pierre cette place lui est réservée.

— Je ne sais pas, répond-il en remettant son téléphone au fond de sa poche. Je le verrai bien samedi.

— Ne perdons pas de temps, ta préparation commence ! clame Émilie en attrapant l'encyclopédie du foot, livre de chevet de son ami.

— Tu sais, l'interrompt Jean-Pierre, je suis déjà assez calé sur le sujet et j'ai lu ce bouquin des millions de fois. Il vaudrait mieux que je travaille ma technique !

— Question un, le coupe Émilie, combien de buts de la tête a inscrit Zidane dans sa carrière ?

Pris au dépourvu, Jean-Pierre réclame quelques secondes pour trouver la réponse.

— Question deux, poursuit Émilie, quelle est la hauteur réglementaire des poteaux de corner ?

— Eh bien, c'est… euh… attends… bafouille le goal de Palajoy.

— Question trois, dans quel club a débuté Just Fontaine ?

Puis Émilie enchaîne les questions sans laisser le moindre temps de réponse.

— Quel club a marqué le plus de points en 1976 ? De quelle couleur était le maillot officiel de l'équipe du Cameroun en 1994 ? Quelle est la contenance d'une coupe des champions ?

Voyant Jean-Pierre rester bouche bée, incapable d'apporter la moindre réponse, Émilie se penche vers lui.

— Tu penses qu'ils vont simplement te demander combien de joueurs s'affrontent sur le terrain ? susurre Émilie, malicieuse.

C'est alors que la porte de la chambre s'ouvre à la volée. Jean-Pierre a rarement vu son père dans un tel état d'excitation. Il tient en main deux survêtements aux couleurs du Palajoy. Le premier, d'un rouge aveuglant, affiche le logo du club sur le torse et les bras. Le second, d'un bleu pastille de javel fait la pub pour le club uniquement dans le dos.

— À ton avis, lequel je devrais prendre pour aller à Paris ?

— Ah bon, tu vas à Paris ? demande Jean-Pierre avant de comprendre. Nooon ? Tu as été tiré au sort pour participer au concours ? Je ne savais pas que tu t'étais inscrit !

— Moi non, mais toi oui ! répond avec un large sourire papa Dubut avant de serrer son fils tendrement contre lui.

D'un petit signe de la main, il salue Émilie.

— Comme je sais que tu vas tout faire pour gagner et qu'ensuite tu offriras ton billet à ton vieux père, je choisis déjà la tenue de gala que je porterai pour l'occasion !

Jean-Pierre croise le regard d'Émilie et tous deux restent quelques instants sans réaction.

Ce coup-là, il ne l'avait pas DU TOUT vu venir !

5

L'histoire du football

Des grands événements, il n'y en a pas tant que ça à Palajoy. Il y a la fête du persil au mois de juin et les grands matchs remportés par l'équipe locale. La première n'a lieu qu'une fois tous les trois ans. Quant à la seconde, elle est encore plus rare, car le club de la ville n'est pas du genre à cumuler les victoires !

Aussi, ce week-end consacré au foot visant à envoyer un Palajoyien au Stade de France

à Paris met l'ambiance au club où se déroule le concours. Un bon quart des places assises est occupé par le public, ce qui est plus que pour la plupart des rencontres officielles.

Le maire de Palajoy, qui tient à ce que tout le monde sache qu'il est l'initiateur du projet, s'implique à toutes les étapes du concours. Assis sur un large fauteuil placé dans le rond central du stade, c'est lui-même

qui posera les questions à chacun des cinq candidats. Un immense parasol décoré de son portrait protège l'élu du soleil qui, à cette heure matinale, tape déjà très fort.

— Tu as vu, le vieux monsieur a été tiré au sort, chuchote Émilie à l'oreille de JP.

Elle se tient debout juste derrière lui, accoudée au long muret blanc qui borde le terrain.

Comment ce dernier aurait-il pu ne pas voir le plus âgé des candidats alors qu'il est assis juste à côté ?

Les cinq sélectionnés pour passer les épreuves sont installés sur le banc de touche. Jean-Pierre les connaît tous – de vue, en tout cas – et sait que la bataille sera rude.

Au bout du banc, il y a cet imbécile de Blokeen qui affiche déjà son sourire de la victoire, à la fois narquois et moqueur. À sa droite se trouve Zipla, une jeune ado d'origine albanaise qui ne parle pas très bien français, mais qui a une frappe du pied droit plutôt percutante. Bien qu'elle n'ait que douze ans, elle joue avec l'équipe des cadets dont elle est devenue le leader naturel.

Entre Zipla et le vieux monsieur se trouve le professeur de mathématiques de Jean-Pierre, monsieur Dékaire. Jean-Pierre ne connaissait pas sa passion pour le foot et il peine à le reconnaître ainsi vêtu d'un short et d'un maillot aux couleurs du Brésil.

Tout autour d'eux se trouvent quelques officiels du club et notamment le père de Jean-Pierre, Marcel Dubut qui, à chaque fois qu'il croise le regard de son fils, lui fait un clin d'œil en levant ses deux pouces en l'air.

Jean-Pierre comprend à présent pourquoi à aucun moment son père n'a cherché à acheter une place pour la finale, il savait que Palajoy organiserait ce concours et il comptait sur la bonne étoile de son fils pour être tiré au sort, puis sur ses compétences pour s'imposer devant les autres concurrents.

Jean-Pierre s'en veut de ne pas avoir osé dire à son père que s'il gagnait, il aimerait bien pouvoir utiliser le billet pour lui-même. C'est un peu tard maintenant…

Perdu dans ses pensées, Jean-Pierre n'a pas vu passer les trois premiers candidats, lorsque monsieur le maire l'invite à venir le rejoindre pour répondre aux cinq questions sur l'histoire du football.

Il a juste perçu que cet imbécile de Blokeen a répondu sans hésiter, tout en continuant d'afficher son sourire idiot. Zipla, quant à elle, malgré la barrière de la langue, est parvenue à donner deux bonnes réponses. Ce qui n'a pas été le cas de monsieur Dékaire qui a pour une fois été victime du zéro pointé qu'il adresse si souvent à ses élèves au collège.

Sous les encouragements vifs d'Émilie et terriblement bruyants de papa Dubut,

Jean-Pierre vient prendre place en face de monsieur le maire. Sans perdre de temps, ce dernier attrape son stylo plume et pose la première question inscrite sur son cahier.

— Combien de buts sur coups francs a inscrits Michel Platini en équipe de France ?

Intérieurement Jean-Pierre est soulagé, car son père est un énorme fan de Platini. Son frère et lui ont grandi au son des exploits du plus fameux numéro 10. Ils ont vu tous ses matchs plusieurs fois en vidéo – avec les commentaires passionnés de papa Dubut – et connaissent tout de sa carrière, depuis son premier doudou en forme de ballon jusqu'à son passage à la Juventus Turin. Peut-être que son père a raison de croire en sa bonne étoile, après tout.

— Il a marqué onze buts, m'sieur, répond timidement Jean-Pierre.

Aux hurlements de joie de son père, JP a la confirmation que la réponse est correcte.

— Deuxième question, poursuit monsieur le maire. Que s'est-il passé le 16 novembre 1991 ?

Lui qui n'a jamais été doué pour les dates, le voilà servi !

Le moment est venu d'essayer la méthode proposée par Émilie les deux jours précédents passés à réviser pour cette épreuve. Elle lui a expliqué le principe de l'association d'idées. Un mot pouvant faire penser à un autre mot, puis à une idée, il est toujours possible de trouver la réponse à une question posée. Mais dans ce cas précis, le seul mot qui vient s'associer à la question est « Émilie »...

Émilie, qui est une fille... réfléchit Jean-Pierre... et qui lui a un jour dit qu'elle a eu envie de s'inscrire au foot le jour où elle a vu à la télé un match... un match de Coupe du monde... mais pas n'importe laquelle !

— Tu veux que je répète la question ? propose monsieur le maire.

Jean-Pierre reste concentré afin de ne pas perdre le fil.

Il se souvient d'Émilie lui avouant son ambition : intégrer l'équipe de France de foot féminin et disputer la Coupe du monde. Il se souvient qu'elle lui a parlé de cela alors qu'elle dépliait chez elle un poster des joueuses américaines, victorieuses de la toute première…

— Pas de réponse ? insiste monsieur le maire.

— Si ! Je sais, s'emballe JP. C'est le premier jour de la première Coupe du monde de football féminin organisée par la FIFA !

— Excellente réponse ! se réjouit monsieur le maire.

Au milieu des applaudissements qui l'encouragent, Jean-Pierre perçoit un bruit de chute.

Son père qui, lui, n'aurait jamais pu répondre, a fait un micro malaise en voyant son fils marquer son deuxième bon point.

Papa Dubut vit dans un état de rêve, il se voit déjà au Stade de France, le billet pour assister à la finale dans ses mains tremblantes.

Lors de cette première épreuve, Jean-Pierre se surprend lui-même.

Il répond bien à quatre questions, mais il bute sur la dernière concernant un joueur, un championnat et un match dont il n'a jamais entendu parler.

Puis il cède sa place au vieux monsieur qui subjugue tout le monde en répondant sans montrer le moindre soupçon d'hésitation. Si son corps et sa voix trahissent son âge très avancé, sa mémoire est particulièrement intacte et performante.

Mais ce qui surprend le plus Jean-Pierre, c'est de voir que malgré sa réussite à lui et celle, encore plus flagrante, du vieux monsieur, cet imbécile de Blokeen continue d'afficher son insupportable sourire.

À croire qu'il a une crampe à la mâchoire !

6

Une carrière éclair

— T'as été génial ! T'as été incroyable !

Émilie s'extasie à l'arrière du bus qui les ramène dans leur quartier, Jean-Pierre et elle.

— Et la question sur la Coupe du monde de foot féminin ! poursuit-elle enthousiaste. C'était quasiment introuvable !

— Ouais, mais maintenant il faut que j'assure à l'épreuve technique de samedi prochain, dit-il d'une voix blanche.

En tant que gardien de but du FC Palajoy, il a moins l'occasion de travailler ses qualités de joueur que Zipla ou que cet imbécile de Blokeen.

— T'inquiète, le rassure Émilie, nous avons une semaine de vacances pour t'entraîner.

« Oui, comme mes adversaires, quoi… » pense-t-il.

Lorsque le bus marque l'arrêt devant le « point de corner », Émilie colle son nez à la vitre arrière et soudain se hâte vers la sortie.

— Mais, on n'est pas arrivés, fait remarquer Jean-Pierre. Pourquoi est-ce que tu descends ?

Pour toute réponse, Émilie l'entraîne avec elle. Une fois sur le trottoir et le bus reparti, Émilie tend un doigt devant elle.

— On devrait lui donner un coup de main, tu ne penses pas ?

Tout d'abord, Jean-Pierre ne voit qu'un fourgon très abîmé avec la plaque d'immatriculation de travers. Puis il aperçoit, sortant de l'appartement qui fait face au fourgon, le vieux monsieur qui a passé avec succès l'épreuve des questions quelques

heures plus tôt sur la pelouse du stade du Palajoy. Chargé d'un carton qui semble bien trop lourd pour ses bras maigres, il zigzague avec difficulté jusqu'au véhicule et laisse tomber son chargement à l'arrière.

— On peut vous aider, m'sieur ? propose Émilie.

— Avec ton entorse, ce ne serait pas très raisonnable, jeune fille, répond de sa voix éraillée le vieux monsieur.

— En fait, c'est lui qui vous aidera, sourit Émilie en désignant Jean-Pierre.

— Vous avez trouvé une autre maison ? l'interroge Émilie en suivant le vieux monsieur dans son petit appartement.

Jean-Pierre et elle passent devant cet immeuble quasiment tous les jours, mais jamais ils n'auraient pensé que le rez-de-chaussée abritait un logement. La porte est un étroit rideau de fer comme ceux des boutiques, et la seule fenêtre est une lucarne placée en hauteur.

— Oui, on peut dire ça, répond le vieil homme en attrapant un carton sur lequel est marqué « vaisselle ».

— Il a l'air très lourd celui-ci, donnez-le à mon copain ! indique Émilie.

Jean-Pierre, qui n'a toujours pas son mot à dire, récupère le carton et se dirige à petits pas vers le fourgon.

— Ton copain a bien répondu aujourd'hui, dit en souriant le vieux monsieur.

— Il a travaillé dur, et c'est moi qui l'entraîne !

— Et surtout, il a le foot dans le sang, poursuivit-il. Son père fait ce qu'il peut en tant que président de club, et on ne peut pas lui retirer sa véritable passion pour le football.

— Vous connaissez monsieur Dubut ? s'étonne Émilie.

— J'ai toujours suivi de très près tout ce qui touche au Palajoy, répond le vieux monsieur tandis que Jean-Pierre les rejoint, le front dégoulinant de sueur. J'ai même fait partie de la toute première équipe lors de la création du club.

— Vous avez joué au FC Palajoy ? s'étonne Jean-Pierre, fasciné comme son père par tout ce qui concerne l'histoire du club. J'ai sûrement lu des articles sur vous, j'ai tous les numéros de *PalajoyFoot* !

— Oh, ça m'étonnerait, tempère le vieux monsieur en tirant à lui l'un des rares cartons qui restent dans l'appartement.

Il encourage Émilie à faire de même, il ne faut jamais contrarier une entorse.

Il attrape un rouleau de scotch et poursuit tout en fermant les quelques cartons qui attendent à côté de la porte d'entrée.

— Je n'ai passé que trois mois en tant qu'attaquant sous les couleurs du club !

— Et après vous avez joué chez qui ? demande Émilie, excitée.

— Chez ElectroPaulo… la société de dépannage électrique à l'entrée de la ville. J'y ai travaillé toute ma vie jusqu'à ma retraite.

Émilie et Jean-Pierre échangent un regard dépité.

— Lorsqu'arrivent les dernières années de son existence, reprend le vieux monsieur, il est trop tard pour revenir sur certains rêves. Le mien était de devenir un joueur professionnel, mais j'ai préféré la sécurité d'un emploi sûr. Du coup, je n'ai jamais quitté Palajoy, jamais connu d'autres villes, d'autres pays, jamais marqué de buts... Vu mon âge, les rêves à réaliser se font plus rares, mais participer à ce concours et gagner ce billet pour la finale de l'Euro, c'est encore à ma portée.

C'est peut-être même la dernière chose que je ferai avant de devenir officiellement vieux !

Il a prononcé cette dernière phrase avec un mélange de tristesse et d'ironie qui laisse sans voix nos deux amis.

— Je vais emménager dans une maison de retraite à quelques kilomètres d'ici… pour y finir ma vie. Je deviens un peu trop âgé pour rester seul, voyez-vous. Vous comprendrez en me voyant jouer pour la seconde épreuve, samedi prochain, lâche-t-il en riant.

Il se lève et raccompagne ses visiteurs jusqu'à l'arrêt de bus.

Avant de monter dans le bus qui les ramènera chez eux, Jean-Pierre se tourne vers l'ancien joueur.

— Au fait, comment est-ce que vous vous appelez ?

— Depuis quelques années, je trouve que « vieux monsieur » est un nom qui me va plutôt bien, répond-il avec malice.

7

L'épreuve technique

Jamais une semaine de vacances n'est passée aussi vite pour Jean-Pierre et Émilie.

À leur programme bien chargé d'entraînement aux techniques du football, les deux amis ont ajouté des visites régulières au vieux monsieur afin de l'aider à donner un coup de peinture sur les murs de son appartement. Ils l'ont également accompagné à quelques reprises à la déchetterie. Mais le plus éprouvant pour eux a été la

visite dans la maison de retraite où il sera pensionnaire dans quelques jours. Tous ces papys et ces mamys tristes, les yeux plantés devant la télé allumée en continu attendant l'heure du repas pour se changer les idées. Ni Jean-Pierre ni Émilie n'arrivent à imaginer comment leur nouvel ami supportera de vivre ainsi au ralenti. Ils ont noté à quel point il avait regretté le choix d'avoir stoppé sa carrière de footballeur. Une vie remplie de regrets, paraît-il, est toujours pire qu'une vie faite de remords.

— Nous allons commencer ! crachote dans son micro monsieur le maire au public à peine un peu plus nombreux que pour la première épreuve.

— On n'attend pas que tout le monde soit là ? demande le professeur de mathématiques, monsieur Dékaire.

À ses côtés se tient Zipla dans sa tenue de cadette du Palajoy, tandis que Jean-Pierre et le vieux monsieur arrivent ensemble de leur côté.

— Vous ne serez que quatre lors de cette épreuve ! explique monsieur le maire. Le jeune garçon répondant au nom de Blokeen a été convaincu de tricherie !

Devant le public éberlué, le maire poursuit son explication :

— Môssieur Blokeen avait placé dans sa bouche un ingénieux dispositif relié à un récepteur wifi. La réponse à chacune de mes questions lui était donnée par un complice situé aux abords du stade. Inutile de vous dire que lorsque nous avons découvert la supercherie, il a été disqualifié dans la seconde. Nul doute que son club saura aussi le sanctionner comme il le mérite !

Jean-Pierre se tourne vers Émilie restée sur le banc de touche. Il sait que son amie

pense la même chose que lui : c'est ce dispositif qui donnait ce sourire idiot à cet imbécile de Blokeen !

Papa Dubut, lui, se contente d'hululer de joie en exécutant la danse du paon.

Un adversaire de moins, ça fait une chance de plus pour son fils de gagner !

C'est compliqué de se rendre compte de la difficulté des épreuves en se basant sur la performance de monsieur Dékaire. C'est à se demander pourquoi le prof de maths a souhaité participer à ce concours, alors que c'était clairement la première fois de sa vie qu'il touchait à un ballon de foot.

À l'épreuve de la reprise de volée de la tête, il est resté deux minutes étendu par terre sans connaissance. Pour le tir de coup franc à placer dans une lucarne, il a envoyé le ballon pile sur le parasol à l'effigie de monsieur le maire. Lors de la séance de

dribble entre les plots, il a déclenché la plus rapide crise de fou rire du public de toute l'année.

Les choses deviennent sérieuses lorsque la jeune Zipla se met en position à la limite de la surface de réparation. Au signal de monsieur le maire, l'entraîneur du club lance le ballon en hauteur, comme il l'a fait quelques minutes plus tôt avec monsieur Dékaire. Mais avec Zipla, le geste est parfait et assez puissant pour expédier le ballon d'un coup de tête au fond des filets.

Le public montre son enthousiasme et encourage la jeune Zipla, à l'exception de papa Dubut qui hue celle qui pourrait contrarier SON séjour à Paris.

La jeune joueuse de l'équipe des cadets du Palajoy confirme ses compétences lors du tir de coup franc. Brutal, précis, le shoot qu'elle assène au ballon a suffisamment d'effet pour contourner le panneau en bois faisant office de mur, avant de fuser comme un missile dans la lucarne gauche des buts du Palajoy.

Jean-Pierre est soulagé de ne jamais avoir eu à arrêter un des tirs de la demoiselle, car il n'est pas certain que ses mains auraient résisté à l'impact. Le dribble parmi les plots ne représente guère plus qu'une formalité. L'avenir de Zipla dans le monde du football féminin semble tout tracé.

Ravie, la jeune Zipla sait cependant que les points qu'elle a perdus lors des questions de la première épreuve ne lui donnent pas beaucoup de chance d'arriver première.

C'est alors au vieux monsieur, ancien joueur du FC Palajoy, de s'avancer jusqu'à la surface de réparation et de proposer à l'assemblée ici réunie ce que l'on peut appeler une démonstration !

On l'a dit, le vieux monsieur est tout maigre et l'on se demande comment il peut tenir debout les jours de grand vent. Aussi ses performances ne peuvent-elles être réalisées avec la même patate que celle développée par Zipla. Cependant, autant dans sa reprise de volée de la tête que lors de son coup franc en pleine lucarne ou lors du dribble entre les plots, tout est fait avec une incroyable finesse.

Pas de démonstration de force ici, mais le geste qu'il faut au moment idéal, et cette impression donnée que le ballon lui obéit au doigt et à l'œil. Seuls ceux qui connaissent son histoire, comme Jean-Pierre et

Émilie, savent quel grand joueur il aurait pu devenir. L'ovation que lui réserve le public révèle la forte impression qu'a fait le vieux monsieur. Le cri de désespoir de papa Dubut est un autre indice révélateur.

Mais ce dernier ne baisse pas les bras pour autant. Il va chercher au fond de la poche de son pantalon de survêtement ce gri-gri qui ne l'a jamais trahi. Un porte-clef dont la coque en plastique transparent renferme un cheveu enroulé du grand Pelé, joueur brésilien légendaire à une époque où la télévision couleur n'était pas encore dans toutes les maisons. Ce gri-gri a fait preuve de son efficacité à plusieurs reprises, notamment lors de la finale de la Coupe du monde le 12 juillet 1998, alors que la France, jouant à domicile, affrontait les superstars brésiliennes. C'est aussi grâce à lui, papa Dubut en est convaincu, que son fils Jean-Pierre a été l'un des rares candidats tirés au sort voici déjà 15 jours.

Son gri-gri en main, il ne quitte pas des yeux son fiston qui vient prendre la place du vieux monsieur, encore salué par de chaleureux applaudissements.

« Tout n'est pas perdu ! » se dit papa Dubut.

8

La collection continue

— Moi, tu m'as épatée, reconnaît Émilie en posant sa main sur l'épaule de son ami Jean-Pierre. Bon OK, tu n'as pas gagné, mais tu as montré que tu te débrouilles plutôt bien en technique pour un goal !

Jean-Pierre n'offre pas à Émilie le sourire qu'elle espérait obtenir de lui. Il a de la peine à cacher sa frustration. Il envie son père qui sait, lui, comment exprimer une déception. En entendant le maire attribuer la première place du concours au vieux monsieur, il a poussé un long cri de loup agonisant. Puis il a jeté par terre son gri-gri dans sa coque de plastique avant de le piétiner avec une hystérie qu'il réserve d'ordinaire aux grands matchs.

Jean-Pierre ne sait pas ce qui le contrarie le plus : avoir déçu son père ou repartir une fois encore avec le second prix… son quinzième ballon officiel de l'Euro !!! Lorsque

Capuche l'apprendra, il en aura pour des heures de rire.

Des applaudissements nourris interrompent les pensées sombres de Jean-Pierre. Monsieur le maire vient de remettre à l'ancien joueur du Palajoy son billet pour aller assister à la finale de l'Euro au Stade de France à Paris. Puisqu'il fallait qu'il perde, Jean-Pierre est ravi que ce soit au profit du vieux monsieur.

La réception qui s'ensuit est à l'image des résultats du FC Palajoy. Peu généreuse et vite oubliée. Quelques bouteilles de jus d'orange, un ou deux paquets de chips aux oignons… puis chacun rentre chez soi. Le meilleur avec le premier prix, les autres avec un énième ballon officiel.

L'autre gagnante du concours est sans conteste Zipla dont les qualités techniques et athlétiques ont tapé dans l'œil d'un

recruteur présent dans le public lors de sa performance. Elle va certainement intégrer un centre de formation et sera une joueuse qui fera parler d'elle.

Les grands perdants du concours sont monsieur Dékaire, le professeur de mathématiques, qui s'est ridiculisé devant l'ensemble de ses élèves en s'avérant être dramatiquement nul avec un ballon au pied. Et, bien plus grave, cet imbécile de Blokeen qui, de mauvais perdant est devenu un tricheur notoire !

— Tu ne m'en veux pas trop d'avoir perdu, p'pa ?

Jean-Pierre, Émilie et papa Dubut se dirigent ensemble vers le parking du club. Émilie traîne un peu moins la patte, son entorse ne la fait presque plus souffrir.

— Bien sûr que non, JP, répond avec un sourire crispé Marcel Dubut.

— Tu sais, reprend-il après un long silence, c'est pour toi que je suis déçu, je sais que tu aurais adoré aller voir cette finale !

— Mais… l'interrompt Jean-Pierre, les yeux éberlués, tu m'as dit que tu étais certain que je t'aurais fait cadeau du billet et que c'est toi qui serais monté à Paris !

— J'ai juste prétendu ça pour te motiver, mon grand. Je ne suis pas du style à faire ce genre de choses, tout le monde le sait.

Jean-Pierre et Émilie échangent un regard, car eux savent très bien que papa

Dubut est TOUT À FAIT du style à faire ce genre de choses !

— Ça ne t'embête pas si Émilie et moi allons dire au revoir au vieux monsieur, p'pa ? demande Jean-Pierre, désignant le fourgon garé sur le parking vers lequel se dirige le gagnant du concours.

— Au contraire, allez-y, les encourage Marcel Dubut en ouvrant la portière de sa voiture dont l'arrière est aménagé en salle de visionnage. Le rêve de tout amateur de ballon rond.

Quatre écrans plats sont fixés au dos des sièges avant et un écran géant est incrusté dans le plafonnier afin de suivre tous les matchs des championnats en même temps.

Il se jette sur la banquette moelleuse, ouvre une trappe pour récupérer un soda et un paquet de pop-corn et commence avec passion à suivre les matchs du championnat anglais.

En rejoignant le vieux monsieur, Jean-Pierre et Émilie ont l'impression que ce dernier espérait qu'ils viennent le voir.

— Woaw ! Il est méga plein, votre fourgon ! lâche Jean-Pierre, impressionné.

En effet, le seul espace encore disponible est le siège du conducteur.

— Vous le prendrez pour aller à Paris ? demande Émilie.

— Qui t'a dit que j'irais à Paris, jeune fille ? fait le vieux monsieur. J'ai une nouvelle vie qui m'attend dans une maison de retraite à quelques kilomètres d'ici.

— Mais… c'était votre rêve d'aller assister à la finale de l'Euro au Stade de France, non ?

— Pas du tout, Jean-Pierre ! J'ai juste dit que mon rêve était de gagner, de me montrer que j'étais capable de faire encore quelque chose à mon âge ! Et j'ai réussi, c'était ça mon souhait ! Ce concours, pour moi, c'était comme… un dernier tour d'honneur !

Puis le vieux monsieur attrape une enveloppe posée sur le toit du fourgon et la tend à Jean-Pierre.

— Et ceci est pour toi…

Jean-Pierre ouvre l'enveloppe et rougit en voyant le billet gagnant, celui pour voir la finale.

— Tu es obligé de le prendre, petit, moi je ne peux pas.

— Co… comment ça, vous ne pouvez pas ? bafouille Jean-Pierre.

— Mon fourgon est plein, pardi ! Il n'y a plus de place ! Pas plus pour un ticket gagnant que pour autre chose, lâche le vieux monsieur avec un sourire, refermant la porte du fourgon derrière lui.

Le véhicule a depuis quelques minutes quitté le parking du club de foot du Palajoy, mais Jean-Pierre et Émilie sont encore plantés là comme des poteaux de corner à se demander s'ils rêvent ou non.

C'est Émilie la première qui rompt le silence.

— Tu n'as plus qu'à aller montrer le billet à ton père, glousse-t-elle.

9

Bonne humeur au Galion

— Comment s'appelle-t-il, vous dites ?

— On ne connaît pas son nom, dit Émilie.

— Il aime bien qu'on l'appelle « vieux monsieur », précise Jean-Pierre.

La dame de l'accueil de la maison de retraite « Le Galion » pouffe discrètement.

— Ils sont plusieurs dans ce cas ici, dit-elle en cliquant sur son ordinateur.

— C'est juste qu'on lui a fait envoyer un colis il n'y a pas longtemps et on

voulait savoir s'il l'avait reçu, poursuit Jean-Pierre.

— Quel genre de cadeaux, demande la dame de l'accueil ? Des fleurs ? Des chocolats ?

— Des ballons ! la coupe Émilie.

— Quinze ! précise Jean-Pierre.

— Et des officiels, hein, termine Capuche.

Aussitôt, le visage de la dame de l'accueil s'illumine.

— Vous voulez parler d'Arthur ? clame-t-elle d'un ton joyeux. Suivez-moi !

Les trois amis suivent la jolie dame à travers les couloirs où s'active du personnel de ménage, puis longent le réfectoire encore vide à cette heure de la journée, avant de s'arrêter devant une double porte vitrée.

— J'espère que ça n'a pas causé de problèmes, dit timidement Jean-Pierre.

Les ballons, c'était pour le remercier d'un cadeau qu'il m'a fait.

— Et on s'est dit qu'il aimerait s'en servir pour décorer sa chambre, continue Émilie.

— Hmmm, je peux vous dire qu'il n'a pas du tout aimé, la coupe la dame de l'accueil.

— Les ballons ? bafouille Émilie.

— Non, l'idée de s'en servir pour décorer ! répond la dame en ouvrant la double porte donnant sur le jardin.

Là, un feu d'artifice de joie, de bonne humeur et de rires envahit tous les sens de nos jeunes amis du FC Palajoy. La mamy qui n'avait d'autre occupation qu'attendre l'heure du goûter, le papy en fauteuil roulant qui lisait en boucle son journal, chaque pensionnaire de la maison de retraite du « Galion » semble avoir retrouvé une seconde jeunesse.

Tous les ballons gagnés par Jean-Pierre lors de ses différents concours sont là.

Dans les pieds d'un octogénaire qui essaie de dribbler son aide-soignante ou dans les mains d'une mamy qui l'envoie dans celles d'une autre assise quelques mètres plus loin.

— Vos ballons ont changé la vie de nos pensionnaires ! se réjouit la dame de l'accueil. Arthur a même organisé un championnat qui se déroulera ici, dans notre jardin, en même temps qu'aura lieu l'Euro ! Ce sera foot en vrai l'après-midi et foot devant la télé le soir.

Émilie désigne à Jean-Pierre et Capuche leur vieux monsieur à eux. Il est train de faire une démonstration de jonglage au pied.

— Il a déjà ses fans, dit-elle en se marrant.

— Je vais vous l'appeler, propose la dame de l'accueil, mais Jean-Pierre la retient.

— Ce n'est pas la peine, je venais surtout pour savoir si je pouvais venir voir la finale de l'Euro avec lui, ici, le soir du match ?

— Mais… tu seras à Paris ! lui rappelle Émilie, les yeux écarquillés.

— Non, explique Jean-Pierre. C'est mon père qui y sera. Je lui ai fait cadeau du billet gagnant… C'était plus son rêve à lui que le mien. Moi, je retenterai ma chance pour le prochain Euro…

— Génial, tu pourras de nouveau gagner des tas de ballons ! lance Capuche en riant aux éclats.

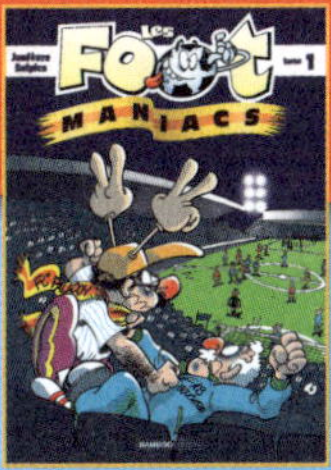
Les FOOT MANIACS

Les FOOT MANIACS

Les FOOT MANIACS

Les FOOT MANIACS
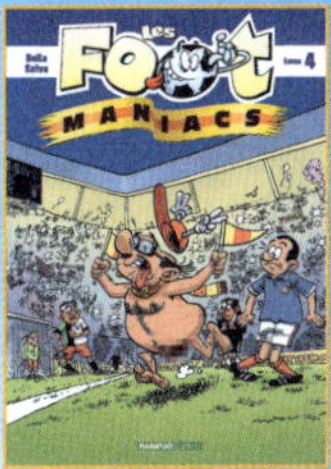
Les FOOT MANIACS

Les FOOT MANIACS

Les FOOT MANIACS

Les FOOT MANIACS
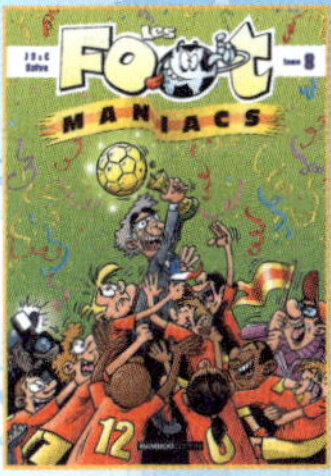
Les FOOT MANIACS

Les FOOT MANIACS
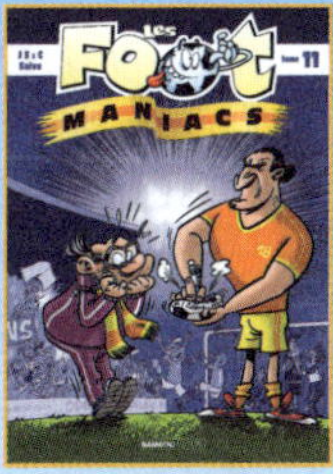
Les FOOT MANIACS
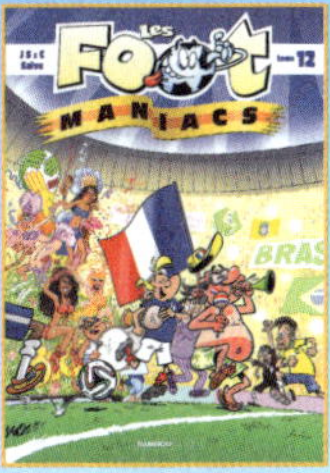
Les FOOT MANIACS

Les FOOT MANIACS

Les FOOT MANIACS

Les FOOT MANIACS

Les FOOT MANIACS

Les FOOT MANIACS

Les FOOT MANIACS

Les FOOT MANIACS

RETROUVE TES HÉROS
DANS DEUX AUTRES AVENTURES !

Histoire et illustrations 100% inédites
À dévorer à partir de 7 ans
BAMBOO ÉDITION
www.bamboo.fr
Cazenove
Saive
Les petits Foot Maniacs
Mes plus beaux gestes
Bamboo Jeunesse
2
Les petits footmaniacs
— Pourtant le coach a dû faire des tonnes de bicyclettes quand il jouait au FC Palajoy, s'étonne Capuche.

Imprimé et relié en Italie
chez STIGE

PREMIÈRE ÉDITION
Dépôt légal : mai 2021

ISBN : 978-2-8189-8561-8

Loi n°49-956 du 16 juillet 1949
sur les publications destinées à la jeunesse
modifiée par la loi n°2011-525 du 17 mai 2011.